Was ist Lernen an Stationen?

Beim Lernen an Stationen handelt es sich um eine Form selbstständigen Arbeitens, bei der
- □ unterschiedliche Lernvoraussetzungen,
- □ unterschiedliche Zugänge und Betrachtungsweisen,
- □ unterschiedliches Lern- und Arbeitstempo
- □ und häufig fächerübergreifendes Arbeiten

berücksichtigt werden.

Grundidee

Den Kindern werden Arbeitsstationen zur individuellen Bearbeitung angeboten, an denen sie selbstständig, in beliebiger Abfolge und meist auch in frei gewählter Sozialform entsprechend ihren Möglichkeiten und Fähigkeiten arbeiten. Damit soll ihnen optimales Lernen und Üben ermöglicht werden.

Herkunft und Entwicklung

Die Idee des Lernens an Stationen, auch Lernzirkel genannt, kommt ursprünglich aus dem Sportbereich. Das „circuit training", von Morgan und Adamson 1952 in England entwickelt, stellt den Sportlern unterschiedliche Übungsstationen zur Verfügung, die sie der Reihe nach oder in freier Auswahl durchlaufen.
Eine Übertragung dieser Lernform auf Unterrichtsinhalte in verschiedenen Fächern wurde zunächst an der Schallenbergschule in Aidlingen/Baden-Württemberg, später am Seminar für schulpraktische Ausbildung in Sindelfingen und seit etwa 1980 an vielen Schulen aufgegriffen und stetig weiterentwickelt.
Der Herausgeber und die Autoren stellen die Ergebnisse ihrer eigenen praktischen Arbeit und Erfahrung in dieser Reihe vor und bieten ihre Materialien als Grundlage für den direkten Einsatz oder als Grundlage für eine Anpassung an eigene Bedürfnisse an.

Zielrichtungen

Das Lernen an Stationen kann unterschiedliche Ziele verfolgen:
- □ durch ein breites Angebot optimales Üben ermöglichen, das die verschiedenen Lerneingangskanäle, allgemeine Übungsgesetze, unterschiedliche Aufgabenarten, Schwierigkeiten und Hilfestellungen berücksichtigt,
- □ vertiefendes Bearbeiten eines Inhalts beziehungsweise eines Themengebietes, indem Kinder nach zuvor gestalteter Übersicht oder Einführung die Inhalte auf ihre Art, mit ihren Möglichkeiten und in ihrem individuellen Tempo auf unterschiedlichen Ebenen selbstständig bearbeiten,
- □ selbstständig Themengebiete erarbeiten, indem die Kinder durch angemessene Arbeitsangebote Sachverhalte hinterfragen, erforschen, erfahren, gestalten usw.,
- □ Angebote aus Schulbüchern oder Medien unter ganzheitlicher Betrachtungsweise aufarbeiten, indem die Kinder Aufgabenstellungen zu Teilgebieten mit unterschiedlicher Betrachtungsweise und auf unterschiedlichen Ebenen fächerübergreifend bearbeiten.

Organisation

Die einzelnen Arbeitsaufträge geben den Kindern klare oder offene Aufgabenstellungen mit eindeutigen Anweisungen. Die Angebote werden im Klassenzimmer zur Verfügung gestellt, indem der Arbeitsauftrag durch Aushängen oder Auslegen bereitgestellt wird. Dazu bietet sich zum Schutz das Verpacken in Prospekthüllen an.
Als Ort zum Aushängen eignen sich alle Wand- und zum Teil auch die Fensterflächen. Pinn-Nadeln oder Nägel (Nagelleisten) erleichtern das Aufhängen und Abnehmen. Beim Auslegen der Arbeitsangebote bzw. -aufträge helfen Ablagekörbe, Ordnung zu halten.
Das Bereitstellen außerhalb der Schülerarbeitstische (also auf Fensterbänken, Nebentischen oder durch Aufhängen) erübrigt das tägliche Aufbauen und Wiederabräumen, stellt also eine große zeitliche und organisatorische Erleichterung dar. Falls im „Fachlehrerbetrieb" der ständige Abbau nötig ist, sind ineinander stapelbare Ablagekörbe, in denen die Aufträge verbleiben, sehr hilfreich.
Die Kennzeichnung der einzelnen Stationen durch Ziffern, Buchstaben oder Symbole hilft den Kindern bei der Orientierung. Durch bewusste Verwendung dieser Ordnungsangebote kann die Struktur des Themengebietes oder eine andere Struktur (z. B. Arbeitsform o. Ä.) gleichzeitig verdeutlicht werden.

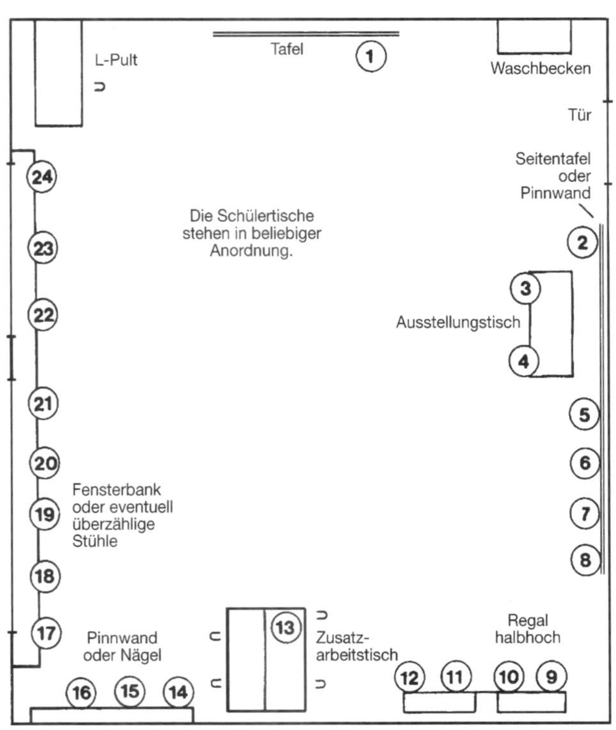

Eine Fortschrittsliste bzw. ein Laufzettel gibt Kindern wie Lehrkräften jederzeit eine Rückmeldung über den derzeitigen Bearbeitungsstand und dient der Übersicht.

Bearbeitungsdauer
Die tägliche Bearbeitungszeit sollte in der Regel etwa eine, im Höchstfall bis zu zwei Unterrichtsstunden betragen. Der insgesamt mögliche Zeitrahmen ist den folgenden Hinweisen zur aktuellen Thematik zu entnehmen.

Auswahlangebote
Den Kindern ist sinnvollerweise ein Auswahlangebot zu ermöglichen. Minimalanforderungen können von der Lehrerin oder dem Lehrer definiert werden. Als Orientierungshilfe finden Sie dazu in den Hinweisen zu diesem Themenheft weitere Angaben.

Einführung
Eine besondere Einführung erübrigt sich meist, wenn die Kinder bereits vor Beginn der eigentlichen Arbeit die Stationen und ausgelegten Materialien ansehen können. Die kindliche Neugier sowie gegenseitige Informationen und Gespräche machen dann nur noch in seltenen Fällen eine Vorstellung einzelner Stationen und die erstmalige Zuweisung der Anfangsstation erforderlich.

Sonstige Tipps
Organisatorische Bedingungen und Festlegungen sind möglichst an der konkreten Situation und erst beim tatsächlichen Bedarf zu klären und zu regeln. Ist die Klassenstärke größer als die Anzahl der zur Verfügung stehenden Arbeitsstationen, können Sie die einzelnen Arbeitsaufträge mehrfach anfertigen. Weitere Hinweise zur Organisation, zu den Inhalten und zum Lernen an Stationen allgemein finden Sie im Einführungsband zu dieser Reihe, der unter dem Titel *Lernen an Stationen in der Grundschule. Ein Weg zum kindgerechten Lernen* beim Cornelsen Verlag Scriptor (ISBN 3-589-21108-3) erschienen ist.

Roland Bauer
(Herausgeber)

Allgemeine Hinweise zu diesem Themenheft

Ziele
Bei der praktischen Umsetzung der Thematik „Getreide“ in Form von Lernstationen erscheinen folgende Aspekte und Zielvorstellungen von Bedeutung für Kinder, Lehrerinnen und Lehrer:

- □ den Kindern sachbezogene Informationen zur Thematik anzubieten;
- □ unterschiedliche, vielseitige Zugänge ermöglichen;
- □ verschiedene Sinne ansprechen;
- □ handelndes Tun und Erleben ermöglichen;
- □ fächerübergreifende Aspekte berücksichtigen;
- □ eine Vernetzung und damit Verinnerlichung des Gelernten fördern, indem sich die unterschiedlichen Perspektiven zum Thema immer wieder überschneiden.

Hinweise zur Bearbeitung
Die Bearbeitung des Themas „Getreide“ in Form des Lernens an Stationen kann sehr gut in eine Projektwoche eingebettet werden. Dabei können folgende Vorschläge als weitere Anregungen dienlich sein:

- □ Besuch beim Bauern/in der Bäckerei;
- □ Interviewfragen an Bauern/Bäcker aufschreiben;
- □ gemeinsam Brot oder Brötchen backen;
- □ selbst Mehl oder Haferflocken herstellen und probieren (zwischen flachen Steinen mahlen, Kaffeemühle etc.);
- □ einen Pflanzensteckbrief für eine Getreideart anfertigen;
- □ Ausschnitte aus Zeitungen/Zeitschriften sammeln und ein Plakat gestalten;
- □ Lese-/Infoecke im Klassenzimmer einrichten;
- □ Erntedank;
- □ Hunger auf der Erde

u. v. a. mehr.

Die in diesem Themenheft angebotenen Lernstationen stellen ein Angebot dar, das die Kinder als Ganzes kennen lernen können, aus dem die Lehrkraft aber auch auswählen kann. Aus diesem Grunde wurde auf eine fortlaufende Nummerierung verzichtet.

Die Reihenfolge, in der die einzelnen Stationen bearbeitet werden, bleibt den Kindern freigestellt, ebenso die Wahl der Sozialform. Hinweise auf Zusatzaufgaben **Z** dienen sowohl der Differenzierung als auch der Orientierung der Kinder.
Zur Dokumentation des Arbeitsfortschrittes erhält jedes Kind einen Laufzettel. Die Symbole des Laufzettels sind identisch mit denen der jeweiligen Arbeitsaufträge an den Stationen, was den Kindern die räumliche und inhaltliche Orientierung erleichtert. Die Lehrkraft nummeriert die von ihr ausgewählten Stationen neben den Symbolen des Laufzettels bzw. der Arbeitsaufträge in den leeren Kreisen.
Es empfiehlt sich, alle Arbeiten der Kinder, die an den Stationen bzw. im Rahmen eines Projektes entstehen, in einem Heft zu sammeln. So entsteht für jedes Kind ein „Getreidebuch“.
Die tägliche Bearbeitungszeit an den Stationen sollte ca. 1 Stunde nicht überschreiten, der Gesamtumfang liegt bei ca. 12 Stunden (2 – 3 Wochen).
Selbstverständlich können Sie Pflichtstationen kennzeichnen, d. h. Stationen, die alle Kinder am Ende der „Getreidezeit“ bearbeitet haben sollen. Diese Stationen sind in ausreichender Anzahl bereitzustellen.

Stationenüberblick

Materialliste und Anmerkungen zu den einzelnen Stationen

Allgemeine Hinweise zu Planung, Gestaltung und Durchführung von Lernen an Stationen finden Sie in den einleitenden Seiten dieses Heftes und im genannten Einführungsband von Roland Bauer.
Die folgenden Anmerkungen sowie die Stationsblätter selbst liefern Ihnen die notwendigen Informationen für den Aufbau und die Gestaltung der Stationen.

Seite

Getreide wächst (fast) überall 6

Weltkarte und/oder Globus; Arbeitsblatt für die Kinder kopieren; ausgefülltes Arbeitsblatt als Kontrollblatt auf der Rückseite des Stationsblattes anbieten.

Verschiedene Nutzpflanzen einteilen 8

Als Kopie oder foliert bereitlegen; Kontrollblatt vorbereiten.

Getreide steckt in vielen Sachen 9

Größerer Karton o. Ä. mit vielen Lebensmitteln (oder zumindest deren Verpackungen), die Getreide enthalten, z. B. Weißbrot, Knäckebrot, Vollkornbrot, Zwieback, Nudeln (100 % Hartweizengrieß), Cornflakes, Bier, Grieß, Kekse, Milchreis ...; Arbeitsblatt in ausreichender Zahl bereitlegen; Kontrollblatt vorbereiten.

Getreidearten kennen lernen 11

Kopiervorlagen kopieren, folieren und entsprechend zu Puzzle-Teilen schneiden; Arbeitsblatt in ausreichender Anzahl kopieren.

Pflanzenteile kennen lernen und bezeichnen 15

Getreidepflanzen von Weizen, Gerste, Roggen und Hafer bereitstellen; Teile der Pflanzen mittels Klebeetiketten bezeichnen; Kopiervorlagen kopieren, folieren und Kärtchen ausschneiden; evtl. für jede Getreideart eine andere Papierfarbe verwenden; Arbeitsblatt in ausreichender Anzahl bereitlegen.

Getreide mit den Fingern erkennen 20

Verschiedene Getreidearten bzw. Ähren bereitstellen; Kennzeichnung z. B. durch Klebeetiketten; Tuch.

Körner und Pflanzen zuordnen 21

Körner von Weizen, Roggen, Gerste und Hafer mischen und in einer Schachtel bereitstellen; Getreidepflanzen mit Namen kennzeichnen; Arbeitsblatt in ausreichender Anzahl kopieren; breiter Tesafilm, ausgefülltes Arbeitsblatt zur Selbstkontrolle.

Getreide selbst anpflanzen 23

Körner verschiedener Getreidearten; Balkonblumenkästen, flache Holzkistchen o. Ä.; Blumenerde; kleine Schaufel oder Teelöffel; Klebeetiketten für die Namen der Kinder; Arbeitsblatt kopieren. Diese Station bietet immer wieder Gesprächsanlässe, nachdem die ersten Pflänzchen zu sehen sind. Gesprächsstunden innerhalb oder am Ende der täglichen Stationsarbeit können hier helfen, Fragen zu klären, Unterschiede zu erkennen, Vergleiche anzustellen etc.

Getreidekörner unter die Lupe nehmen 25

Kleine, flache Wasserschälchen, Weizenkörner, Schülerlupen und/oder Mikroskope (können häufig von den Kindern mitgebracht werden), Kopiervorlage einmal kopieren und auf die Rückseite des Stationsblattes kleben.

Laufzettel von: ....

Die folgenden Stationen habe ich schon geschafft:

Getreide wächst (fast) überall

Es gibt sehr viele verschiedene Getreidearten: Hirse, Weizen, Gerste, Reis, Hafer, Mais, Roggen ...
Fast überall auf der Erde wird Getreide angebaut. In jedem Monat ist irgendwo auf der Welt Getreideernte.
In Kanada, Nordamerika und Russland wird viel Weizen angebaut. In Afrika wird vor allem Hirse angepflanzt. In Mittelamerika wächst viel Mais, in Indien gibt es große Gebiete mit Reisanbau und im Mittelmeergebiet gedeihen Gerste und Hafer besonders gut. In Deutschland wird hauptsächlich Weizen und Gerste angebaut.

- Suche die genannten Anbaugebiete oder Länder auf der Weltkarte und/oder auf dem Globus.
- Kennzeichne die Gebiete auf dem Arbeitsblatt mit Farbe.
- Schreibe dazu, welches Getreide dort angebaut wird.
- Kontrolliere deine Lösung auf der Rückseite.

Getreide wächst (fast) überall (Arbeitsblatt)

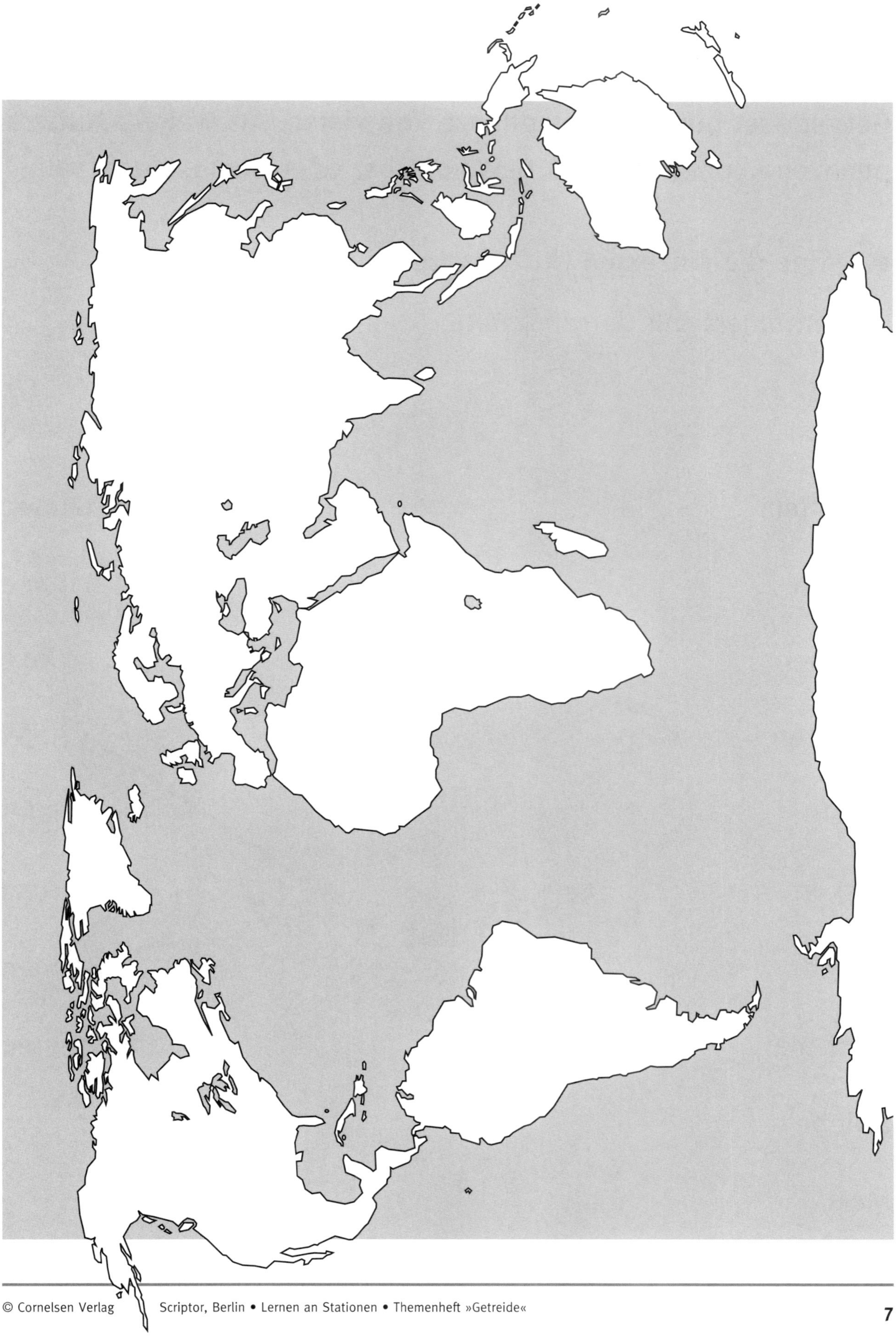

Verschiedene Nutzpflanzen einteilen

Getreide ist nur eine Nutzpflanze von vielen. Als weitere Nutzpflanzen kennen wir zum Beispiel Obst oder Gemüse und Salat.

- Ordne die einzelnen Nutzpflanzen durch Pfeile richtig zu.
- Kontrolliere mit der Rückseite.

Roggen

Kartoffeln

Weizen

Kirschen

Tomaten

Gerste

Gurken

Birnen

Kopfsalat

Zwiebeln

Mais

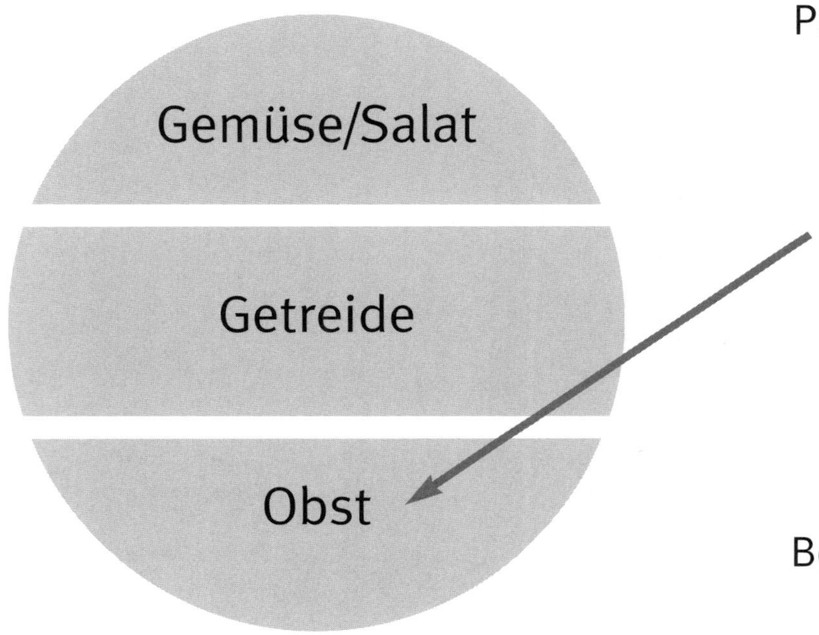

Möhren (Karotten)

Trauben

Paprika

Reis

Äpfel

Hafer

Hirse

Bohnen

Erdbeeren

Getreide steckt in vielen Sachen

Kaum zu glauben, was man aus Weizen, Roggen, Hafer, ... alles macht.
Hast du Lust, Getreide-Detektiv zu spielen?
Welches Getreide versteckt sich in den einzelnen Lebensmitteln?

- Schau dir die Lebensmittel genau an.
- Versuche herauszufinden, welche Getreideart in den Lebensmitteln enthalten ist! Tipp: Verpackung sorgfältig lesen!
- Ordne die Lebensmittel nach verwendeten Getreidearten und schreibe auf dem Arbeitsblatt zu jeder Getreideart diese Lebensmittel auf.
- Kontrolliere auf der Rückseite.

Getreide steckt in vielen Sachen (Arbeitsblatt)

Weizen steckt in:

Roggen steckt in:

Hafer steckt in:

Gerste steckt in:

Getreidearten kennen lernen

Wie gut kennst du dich bei den Getreidearten aus?

- Lies die Informationen auf den Textkärtchen gut durch.
- Ordne die Bildkärtchen und die Textkärtchen einander zu.
- Wähle vier Getreidearten aus, male in jedes Feld das Bild einer Getreideart und schreibe ihren Namen dazu.

Getreidearten kennen lernen (Kopiervorlage)

Der Weizen
Wird bis 1,60 m hoch und hat dicke Ähren mit kurzen Grannen. Es gibt über 200 Weizensorten.

Der Roggen
Wird bis 2,00 m hoch. Seine Ähre ist lang und schlank. Sie hat lange Grannen.

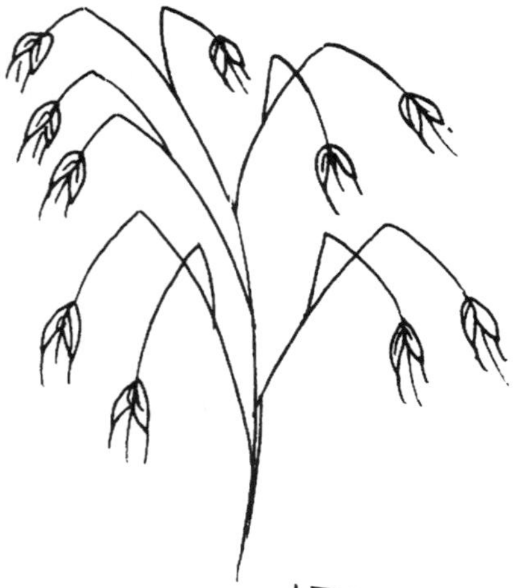

Der Hafer
Sieht fast ein bisschen aus wie hohe Gräser. Hat eine Rispe und ganz kurze Grannen.

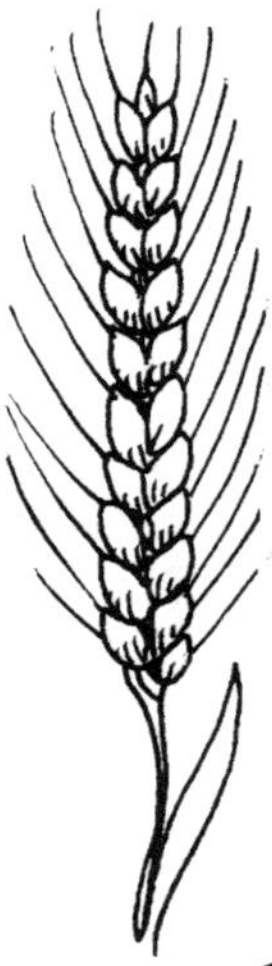

Die Gerste
Aus einem Gerstenkorn wachsen vier Halme. Jeder Halm hat eine schlanke Ähre mit sehr langen Grannen.

Getreidearten kennen lernen (Kopiervorlage)

Der Reis
Der Reis hat eine breit gefächerte Rispe. Reisfelder stehen immer unter Wasser.

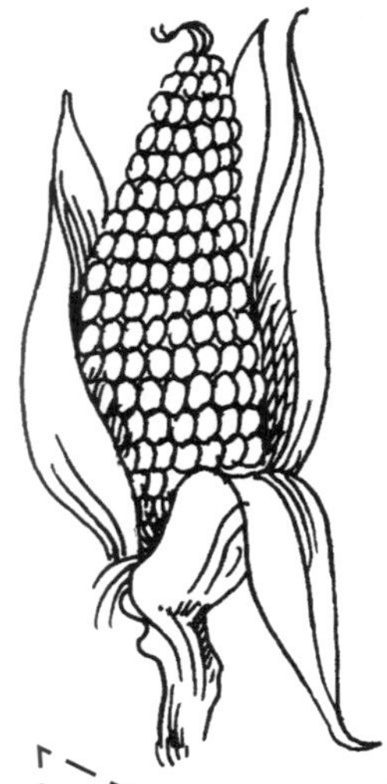

Der Mais
Die Frucht heißt Maiskolben. Aus Maiskörnern wird Mehl oder Grieß gemacht.

Die Hirse
Hirse ist die älteste Getreideart. Hirse hat eine Rispe.

Der Dinkel
Der Dinkel hat eine schlanke, spitz zulaufende Ähre. Er ist eine widerstandsfähige Pflanze, die auch noch im rauhen Gebirgsklima gedeihen kann.

Getreidearten kennen lernen (Arbeitsblatt)

Name:	Name: ....
Name:	Name: ....

Pflanzenteile kennen lernen und bezeichnen

Wie bei anderen Pflanzen auch, haben die Pflanzenteile von Getreide bestimmte Bezeichnungen.

- Betrachte die Getreidepflanzen genau.
- Versuche, dir die Namen und die Bezeichnungen der Pflanzenteile zu merken.
- Ordne nun die Namenskärtchen der richtigen Stelle auf den Getreidebildern zu.
- Deine Lehrerin, dein Lehrer, ein anderes Kind oder du selbst sollten deine Lösung kontrollieren.
- Male mindestens ..... der Getreidepflanzen auf und schreibe die Bezeichnung dazu.

Pflanzenteile kennen lernen und bezeichnen (Kopiervorlage)

Weizen	Ähre	Grannen
Körner	Blatt	Halm

Pflanzenteile kennen lernen und bezeichnen (Kopiervorlage)

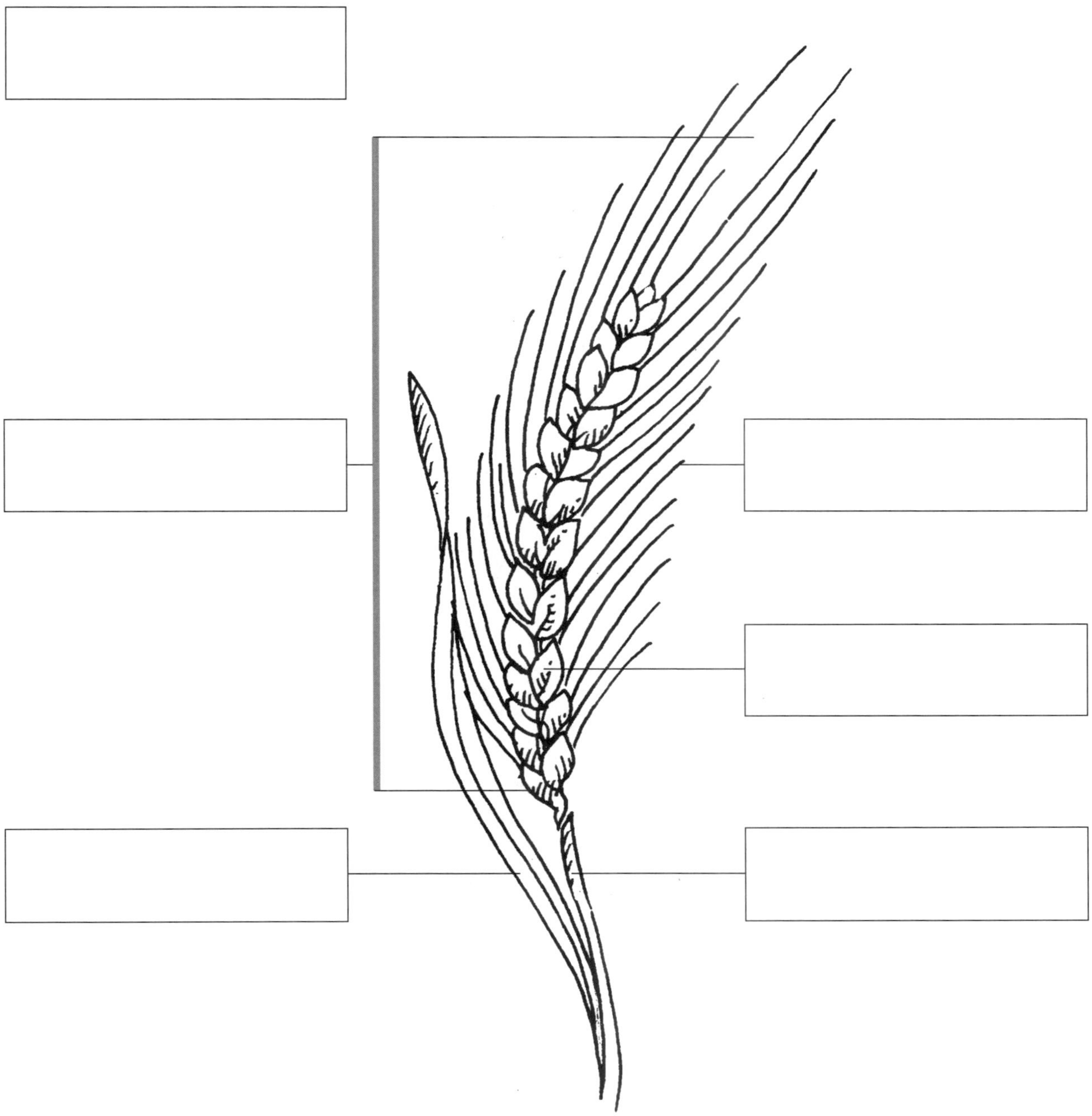

Gerste	Ähre	Grannen
Körner	Blatt	Halm

Pflanzenteile kennen lernen und bezeichnen (Kopiervorlage)

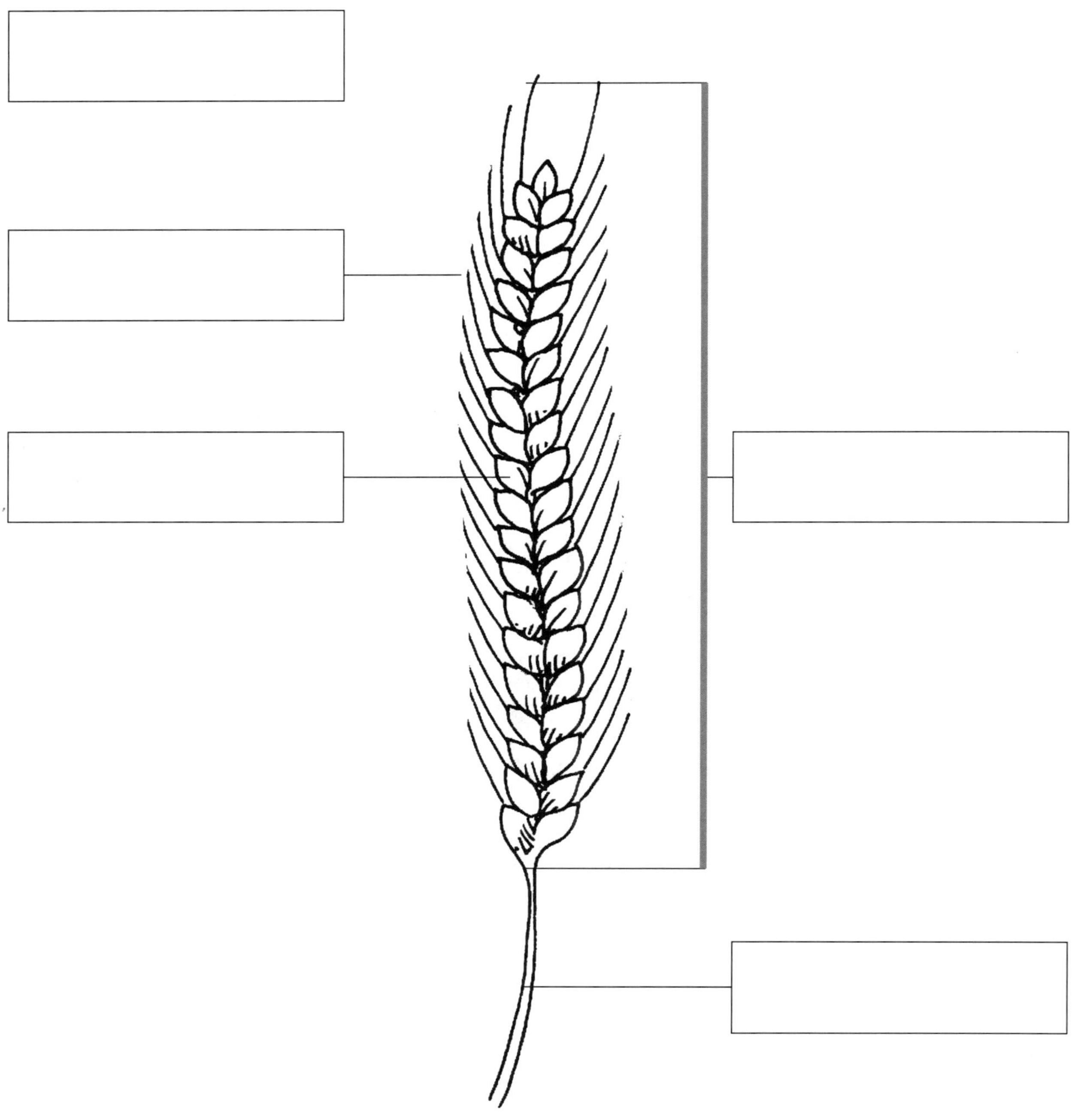

Roggen	Ähre	
Körner	Halm	Grannen

Pflanzenteile kennen lernen und bezeichnen (Kopiervorlage)

Hafer		
Körner	Halm	Rispe

Getreide mit den Fingern erkennen

- Betrachte die verschiedenen Getreidearten genau.
- Versuche dabei, dir möglichst viele Merkmale einzuprägen.
- Dein Partner verbindet dir jetzt die Augen.
- Kannst du die Getreidearten durch Fühlen mit den Fingern erkennen?
- Dein Partner hilft und kontrolliert.
- Jetzt tauscht die Rollen.

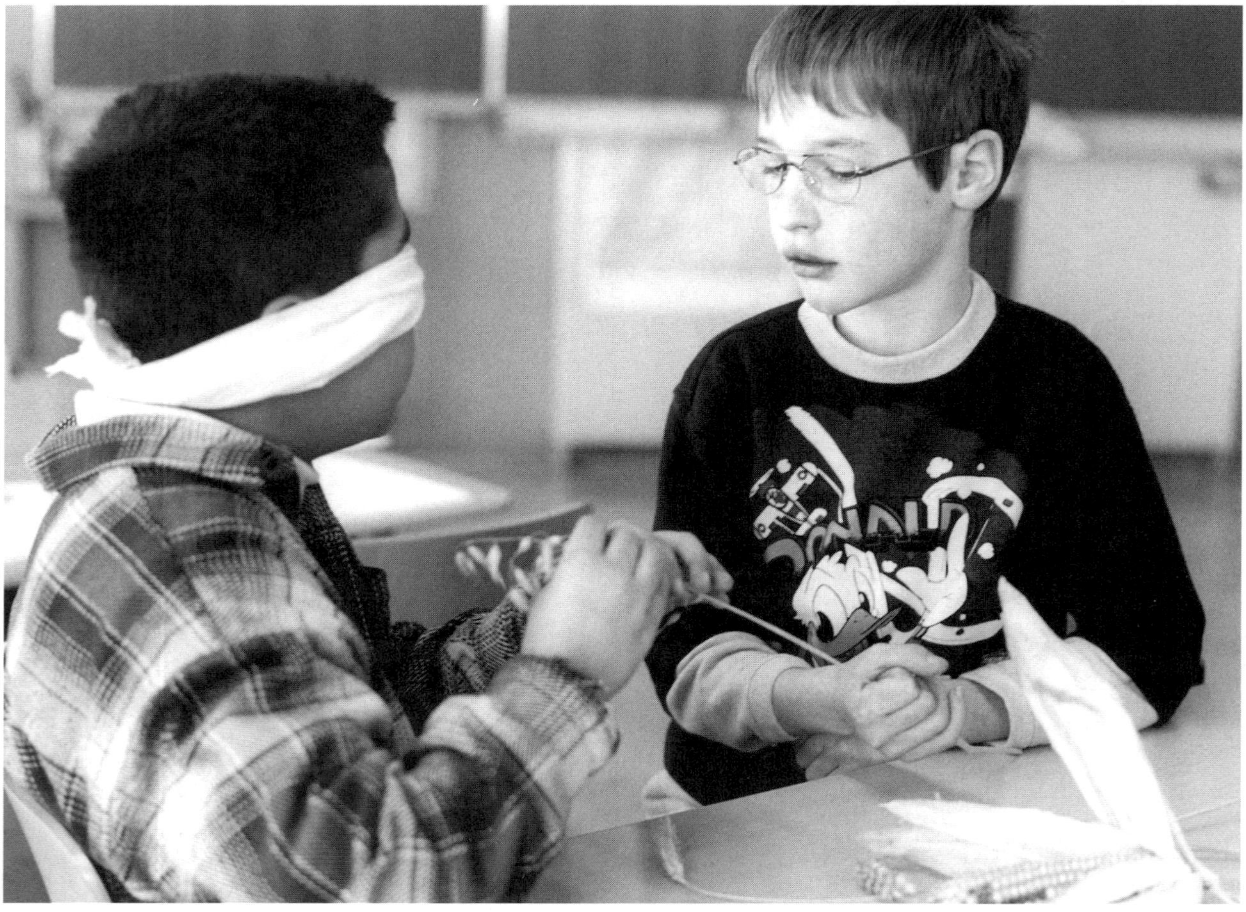

Körner und Pflanzen zuordnen

Hier siehst du die vier bei uns wichtigsten Getreidearten und ihre Körner.
Welches Korn stammt von welcher Pflanze?

- Betrachte die unterschiedlichen Körner und die Ähren der Getreidepflanzen ganz genau.
- Klebe jeweils ein paar Körner bei der passenden Pflanze ein.
- Schreibe den Getreidenamen dazu.
- Kontrolliere mit dem Kontrollblatt.

Körner und Pflanzen zuordnen (Arbeitsblatt)

Name: . . . .

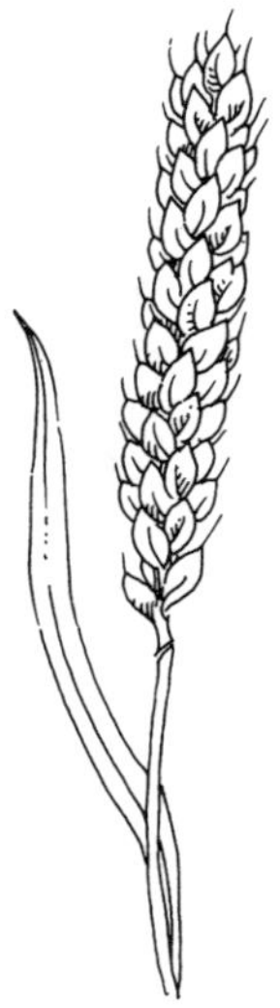

So sehen die Körner aus:

Name: . . . .

So sehen die Körner aus:

Name: . . . .

So sehen die Körner aus:

Name: . . . .

So sehen die Körner aus:

Getreide selbst anpflanzen

Ja, was wird denn das? Ein Getreidefeld im Klassenzimmer?!

- Suche dir in einem der Pflanzenkästen ein freies Stück Erde. Das ist jetzt dein Feld.
- Kennzeichne dein Feld am Rand des Kastens mit deinem Namen, damit die anderen Kinder sehen, dass dieses Feld schon belegt ist.
- Pflanze von jeder Getreideart 3 Körner in dein Feld, möglichst so, dass du später noch weißt, welche Art du wohin gepflanzt hast.
- Beobachte in der nächsten Zeit, was in deinem und den anderen Feldern passiert.
- Entscheide dich für eine von deinen Getreidepflanzen und trage jeden Tag die Höhe deiner Pflanze auf dem Wachstumsblatt ein.

Getreide selbst anpflanzen (Arbeitsblatt)

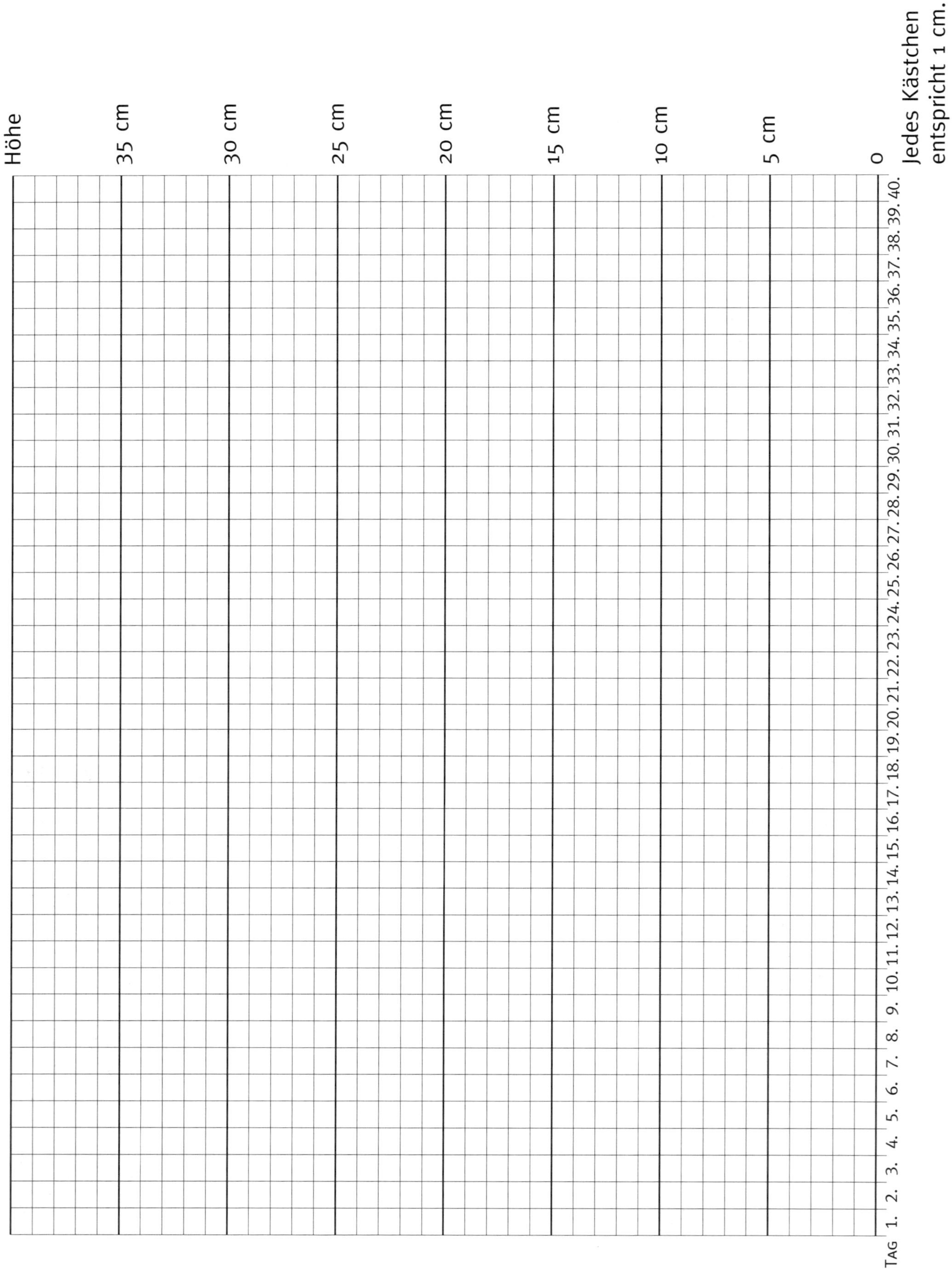

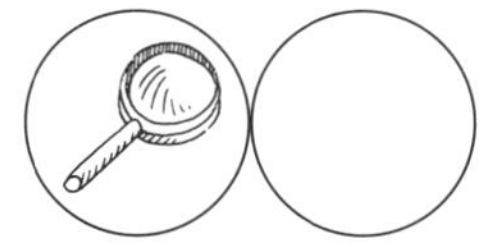

Getreidekörner unter die Lupe nehmen

Hallo Getreideforscher!
Hier erfährst du, wie es innen in einem Korn aussieht.

- Lass einige Getreidekörner über Nacht in der Schale mit Wasser liegen, damit sie aufquellen können.
- Schneide die Körner mit dem Messer der Länge nach durch.
- Betrachte die Körner unter der Lupe (unter dem Mikroskop).
- Beschreibe einem anderen Kind oder deiner Lehrerin/deinem Lehrer möglichst genau, was du siehst.
- Mache eine Zeichnung von deiner Beobachtung.
- Vergleiche deine Zeichnung mit der Information auf der Rückseite dieses Blattes.

Getreidekörner unter die Lupe nehmen (Kopiervorlage)

Vergleiche deine Beobachtungen und deine Zeichnung mit diesem Blatt. Vielleicht findest du etwas, was dir noch nicht aufgefallen ist. Das kannst du in deiner Zeichnung dann ergänzen.

Blick in ein Getreidekorn:

Das ist die Schale.
Sie ist ziemlich hart und
schützt das Korn.

Dieser Teil heißt Mehlkörper.
Wenn das Korn zermahlen wird
wird daraus das weiße Mehl.

Das ist der Keimling.
Aus ihm entwickelt sich
die Getreidepflanze.

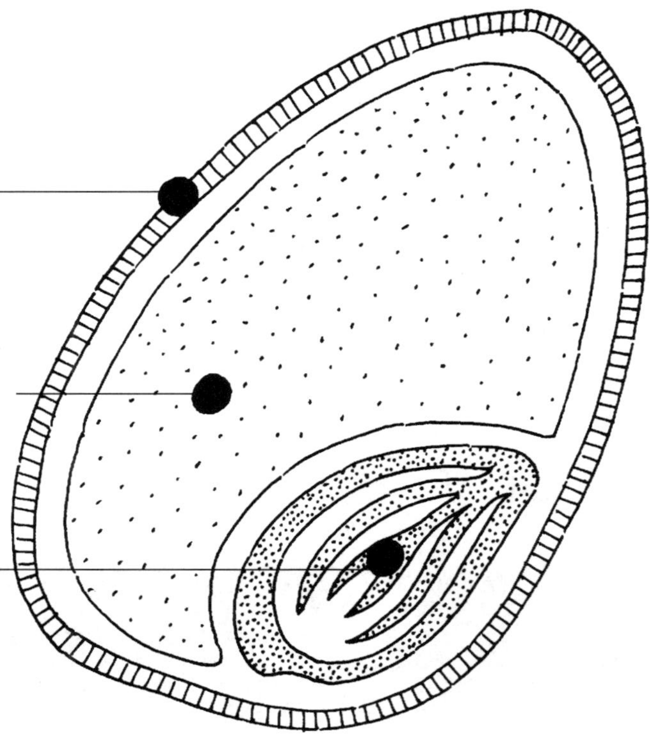

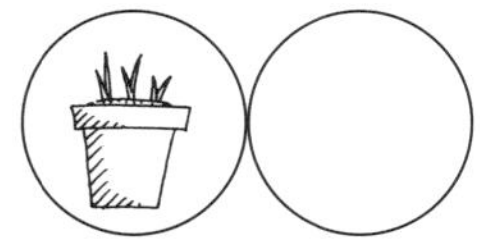

Wie schnell der Weizen wächst

Wenn du Weizenkörner in die Erde steckst und die Erde ein wenig feucht hältst, kannst du bald einiges beobachten.

- Beschrifte einen Blumentopf mit deinem Namen und mit dem Datum, wann du mit diesem Versuch beginnst.
- Fülle den Topf mit Erde, nimm zehn Weizenkörner und pflanze sie ein.
- Stelle deinen Topf an einen hellen Platz und halte die Erde immer etwas feucht.
- Ab jetzt kannst du beobachten:
  - Wann siehst du die ersten Pflänzchen aus der Erde kommen?
  - Wie schnell wachsen die Pflänzchen?
  - Sind alle zehn Körner aufgegangen?
  - Wie weit sind die Pflanzen der anderen Kinder?

  ...
- Beobachte und miss genau und trage deine Messungen in die Tabelle ein.
- Bringe deine Beobachtungen auch in den Gesprächskreis ein.

Wie schnell der Weizen wächst (Arbeitsblatt)

Dieses Blatt gehört: . . . .

Körner gesetzt am: . . . .

Das erste Pflänzchen
war sichtbar am: . . . .

Zum ersten Mal
gemessen habe ich am: . . . .

Tag	1. Tag	2. Tag	3. Tag	4. Tag	5. Tag	6. Tag	7. Tag
Datum							
Länge der Pflanze (cm)							

Tag	8. Tag	9. Tag	10. Tag	11. Tag	12. Tag	13. Tag	14. Tag
Datum							
Länge der Pflanze (cm)							

Tag	15. Tag	16. Tag	17. Tag	18. Tag	19. Tag	20. Tag	21. Tag
Datum							
Länge der Pflanze (cm)							

Tag	22. Tag	23. Tag	24. Tag	25. Tag	26. Tag	27. Tag	28. Tag
Datum							
Länge der Pflanze (cm)							

Brot hat eine lange Geschichte

Seit vielen tausend Jahren ist Brot eines der wichtigsten Nahrungsmittel des Menschen. Ganz am Anfang zerrieben die Menschen das Getreide zwischen flachen Steinen und es entstand ein grobes Mehl. Dieses Mehl wurde mit Wasser vermischt. Der Teig kam auf einen heißen, flachen Stein, der im offenen Feuer lag. Auf diesem Stein wurde das Gemisch aus Mehl und Wasser zu einem dünnen Fladenbrot gebacken. Fladenbrote waren zwar steinhart und zäh, aber man konnte sie gut transportieren und lagern.

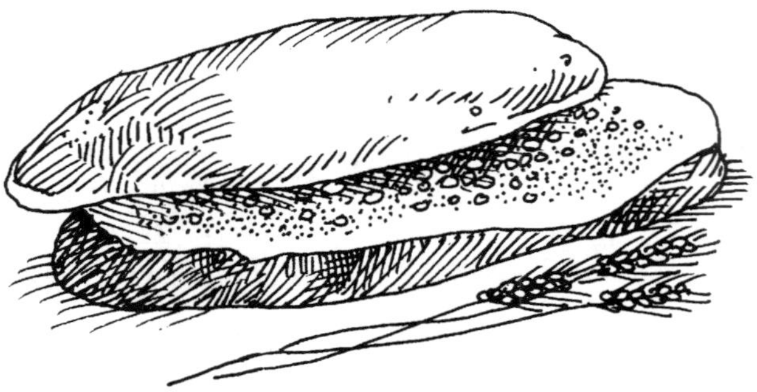

Später fanden die Menschen heraus, wie man das Brot lockerer und luftiger backen konnte. Sie zerstampften die Körner, legten sie in Wasser und ließen den Teig in der Sonne stehen. Die Teigmasse gärte und es bildete sich ein Sauerteig. Das Brot ging nun beim Backen in der Hitze auf. Bei uns machten die Menschen das schon vor etwa 3000 Jahren so.

Heute mischt der Bäcker meistens Hefe in den Teig, damit dieser besser aufgeht und das Brot lockerer wird.

Und in den Bäckereien gibt es ganz viele unterschiedliche Brotsorten.

- Welche Brotsorten kennst du?
- Schreibe sie auf einen Zettel und klebe ihn auf unser Brotsorten-Plakat.

Z Was ist das Besondere an deinen Brotsorten? Frage in der Bäckerei nach und berichte deinen Mitschülern darüber.

Aus Korn wird Brot

Bevor aus Getreidekörnern Brot gebacken werden kann, haben sie einen weiten Weg vor sich.

- Ordne die Textkärtchen den passenden Bildern zu.
- Bringe die Kärtchen mit ihren Bildern in die richtige Reihenfolge.
- Kontrolliere durch Umdrehen der Kärtchen, ob du die richtige Lösung gefunden hast.

Aus Korn wird Brot (Kopiervorlage)

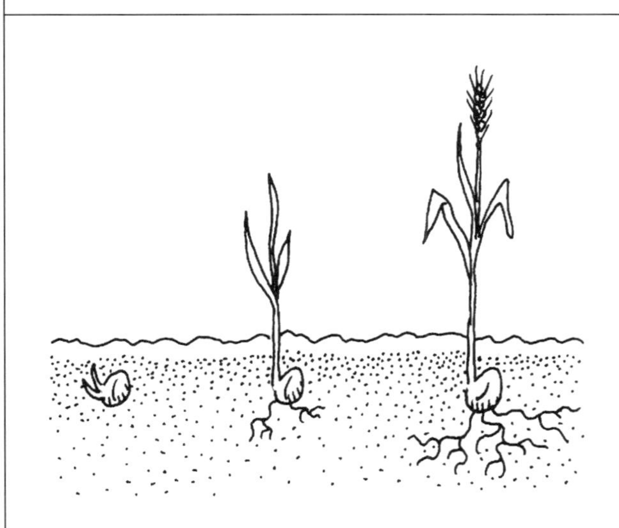

Aus Korn wird Brot (Kopiervorlage)

Aus Korn wird Brot (Kopiervorlage)

Der Bauer hat das Feld vorbereitet. Er hat gepflügt und geeggt. Jetzt füllt er das Saatkorn in die Sämaschine.	Die Ähren und die Halme sind langsam gelb geworden. Die Getreidekörner sind reif für die Ernte.
Er hängt die Sämaschine an seinen Traktor und fährt auf dem Feld hin und her. Dabei verstreut die Sämaschine die Körner gleichmäßig.	Das Korn wird mit dem Mähdrescher geerntet. Diese große Maschine mäht die Halme ab und holt die Körner aus den Ähren. Das nennt man „dreschen“.
Das Korn beginnt zu keimen: nach unten bilden sich kleine Wurzeln, nach oben wächst der Halm. An seiner Spitze bildet sich die Ähre mit den Körnern.	Nun füllt der Mähdrescher die Körner gleich in Säcke.

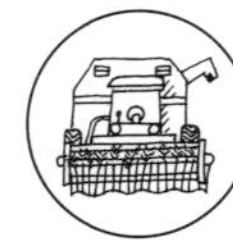

Aus Korn wird Brot (Kopiervorlage)

Auf dem Feld bleiben gepresste Ballen mit Stroh zurück.	Im Backofen wird gebacken, bis die Brote schön knusprig sind. Hmh, wie das duftet in der Backstube.
Das Korn ist in der Mühle. Der Müller schüttet es in das Mahlwerk. Die Schalen der Körner werden beim Mahlen vom Mehl getrennt. Das Mehl kommt in Säcke oder Tüten.	Die gebackenen Sachen kannst du im Laden kaufen.
In der Bäckerei mischt der Bäcker aus Mehl und weiteren Zutaten den Teig. Daraus formt er Brote, Brötchen, Brezeln. ...	Schnell nach Hause. In der Einkaufstasche warten verschiedene Brötchen darauf, aufgegessen zu werden! Guten Appetit!

Was der Bäcker alles tun muss

Bevor wir unseren Hunger mit frischem Brot oder Brötchen stillen können, hat der Bäcker einiges zu tun.

- Bringe die Bilder mit den wichtigsten Arbeitsschritten des Bäckers in die richtige Reihenfolge.
- Kontrolliere deine Lösung durch die Zahlen auf der Rückseite.
- Lies die Textkärtchen und ordne sie den Bildern zu.
- Z Schreibe die Arbeiten des Bäckers mit deinen eigenen Worten auf und male Bilder dazu.

Was der Bäcker alles tun muss (Kopiervorlage)

Was der Bäcker alles tun muss (Kopiervorlage)

Der Bäcker kauft die Zutaten, die er benötigt, um Brot zu backen.	Die Portionen für Brot, Brötchen, Brezeln ... werden vom Bäcker genau abgewogen.
Der Bäcker bereitet den Teig zu. Er vermischt alle Zutaten mit Wasser und knetet den Teig. Das Kneten ist sehr wichtig.	Der Bäcker sieht genau, wann der Teig fertig „aufgegangen“ ist. Die Teigstücke werden nochmals geformt und teilweise verziert. Dann werden sie im Ofen gebacken.
Nun lässt der Bäcker den Teig ruhen, denn die Hefe oder der Sauerteig brauchen Zeit und Wärme, um zu gären und die notwendigen Gase zu entwickeln. Der Teig wird zugedeckt. Er wird jetzt größer, er „geht auf“.	Mit einem großen Holzschieber holt der Bäcker die fertigen Brote aus seinem großen Ofen.

Mehl und Körner wiegen

Für eine Scheibe Brot brauchst du etwa 30 Gramm Mehl. Hast du eine Vorstellung davon, wie viel das ist?

- Wiege genau 30 g Mehl auf der Waage ab.
- Schätze: Wie viele Weizenkörner brauchst du, um auf 30 g zu kommen?
- Wiege 30 g Weizenkörner ab und zähle, wie viele Körner das sind. Um wie viele Körner hast du dich verschätzt?
- Mach das Gleiche mit Maiskörnern.
  Wie viele brauchst du davon, um 30 g zu erhalten?
- Wie viele Weizenkörner hast du mehr gebraucht als Maiskörner?
- Berichte deiner Lehrerin/deinem Lehrer von deinen Ergebnissen.

Ein Getreide-Mandala ausgestalten

- Suche dir mit dem Walkman und einem Mandala-Blatt ein ruhiges Plätzchen.
- Höre dir die Musik auf dem Walkman an und beginne, dein Mandala auszumalen.
- Dabei hast du ganz unterschiedliche Möglichkeiten:
  - Du kannst verschiedene Stifte und Farben benutzen.
  - Du kannst jeden Tag ein Stück weitermalen.
  - Du kannst zusammen mit anderen ein Mandala ausmalen. Ihr könnt zum Beispiel immer abwechselnd einen Teil vom Mandala ausmalen.
  - Du kannst aber auch das ganze Mandala an einem Stück ausmalen.
- Wenn dein Mandala-Blatt fertig ist, kannst du es zu den anderen hängen, damit eine tolle Mandala-Wand entsteht.
- Spule bitte auch die Kassette wieder zuück.

Ein Getreide-Mandala ausgestalten (Kopiervorlage)

Mit Körnern und Ähren ein Bild gestalten

Mit Getreidekörnern, Ähren oder anderen Teilen von Getreidepflanzen kannst du tolle Bilder gestalten.

- Überlege dir eine Figur und zeichne die Umrisse auf ein Blatt, zum Beispiel
  - eine Blume,
  - eine Maus,
  - einen Vogel,
  - eine Schnecke

  oder etwas anderes!
- Klebe deine Figur mit den bereitstehenden Körnern aus.

Das Körner-Rätsel lösen

Bei einem Besuch auf dem Bauernhof stellt der Bauer den Kindern ein Rätsel:
„Ich habe ein Stück Getreidefeld in 24 kleine Felder eingeteilt. Ins erste Feld habe ich 1 Weizenkorn gesetzt, ins zweite Feld die doppelte Anzahl, ins dritte Feld wiederum die doppelte Menge. ... So habe ich es bis zum letzten Feld gemacht. Wie viele Körner liegen im letzten Feld?“

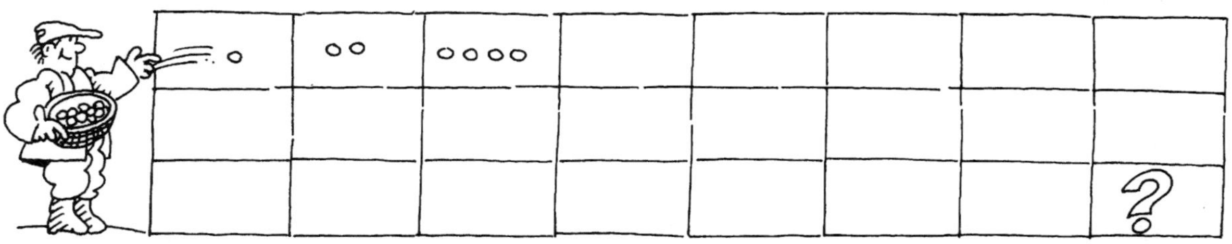

- Schaffst du es, die Anzahl der Körner auszurechnen, die der Bauer ins letzte Feld gesetzt hat?
- Rechne so weit du kannst.
- Du kannst für die ersten Felder die Anzahl der Körner nachlegen.

Z Wenn du eine flache Kiste mit Erde füllst, in 6 Felder einteilst und Weizenkörner so einpflanzt wie der Bauer, kannst du das Rätsel sogar wachsen sehen.

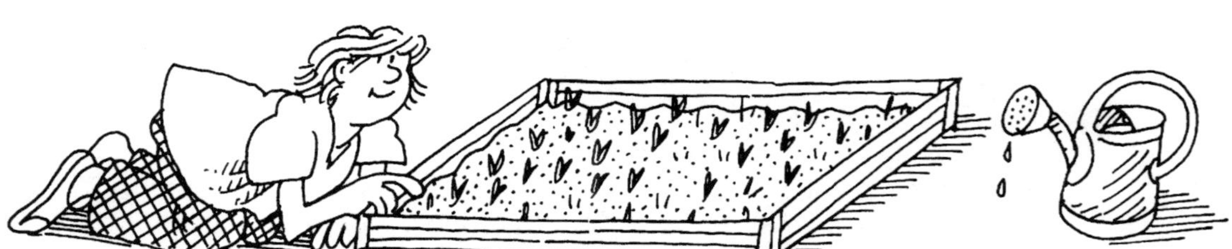

Das große Getreide-Quiz spielen

Hier kannst du testen, was du vom Getreide schon alles weißt.

- Du kannst alleine oder mit Partner(n) spielen:
  - Ihr könnt die Frage- und Antwortkarten offen auslegen und dann die zusammengehörigen Karten zuordnen.
  - Ihr könnt die Antwortkarten offen hinlegen, die Fragekarten verdeckt auf einen Stapel legen. Jetzt wird reihum eine Fragekarte gezogen und die passende Antwortkarte gesucht.
  - Ihr könnt einen Quizmaster bestimmen, der immer eine Frage vorliest. Wer kann die Frage am schnellsten beantworten?
- Kontrollieren könnt ihr immer mit der Rückseite der Kärtchen. Was zusammengehört, hat die gleiche Zahl.

Das große Getreide-Quiz spielen (Kopiervorlage Fragekarten)

Welches Getreide verwendet man für Popcorn?	Welche Getreideart wird auf der Erde am meisten angebaut?
Aus welchen Getreidearten wird Knäckebrot gebacken?	Wie nennt man die dünnen Haare an den Getreideähren?
Welches Getreide wird in Asien am meisten gegessen?	Nenne drei Getreidearten!
Bei welcher Backofentemperatur wird Brot gebacken?	Welches Getreide verwendet man für Cornflakes?
Wie heißt das Innere eines Getreidekorns?	Wie viel Mehl brauchst du für eine Scheibe Brot?

Das große Getreide-Quiz spielen (Kopiervorlage Fragekarten)

Wie heißt die Getreideart mit den langen Grannen?	Wie viele Reiskörner wiegen zusammen etwa 1 kg?
Nenne ein Land, in dem sich die Menschen vor allem von Hirse ernähren!	Nenne mindestens 3 Zutaten beim Brötchenbacken!
Wie heißt die Maschine, die zur Getreideernte eingesetzt wird?	In welchem Land wurde das erste Brot gebacken?
Welches für den Menschen wichtige Vitamin ist im Vollkornbrot zu finden?	Wie heißen die Arbeitsschritte des Bäckers beim Brotbacken?
Wie hoch können Maispflanzen werden?	Getreide ist nur eine der Nutzpflanzen. Wie heißen die anderen?

Das große Getreide-Quiz spielen (Kopiervorlage Antwortkarten)

Man verwendet Mais.	Aus Roggen, Hafer und Gerste.
Reis	Die Temperatur liegt zwischen 220 und 260 Grad Celsius.
Weizen, Roggen, Gerste, Hafer, Mais, Hirse, Reis.	Weizen
Das Innere nennt man Mehlkörper.	Cornflakes werden aus Mais gemacht.
Du brauchst etwa 30 Gramm Mehl.	Sie heißen Grannen.

Das große Getreide-Quiz spielen (Kopiervorlage Antwortkarten)

Das ist die Gerste.	Für 1 kg brauchst du ca. 50.000 Reiskörner.
In Afrika. Aber auch in Indien, Japan, China und Russland isst man Hirse.	Mehl, Hefe, Milch, Zucker, Salz, Butter.
In Ägypten.	Sie heißt Mähdrescher.
Teigzubereitung (Wasser, Mehl und andere Zutaten mischen; kneten), Teigruhe (gehen lassen), Formung, Ausbacken.	Andere Nutzpflanzen sind Obst, und Salat/Gemüse.
Maispflanzen werden bis zu 2,50 Meter hoch.	Vitamin B

Ein Getreide-Kreuzworträtsel

■ Löse das Rätsel! Verwende dabei nur Großbuchstaben!
Die Lösungswörter unten helfen dir dabei.

Z Erfinde selbst ein Getreide-Kreuzworträtsel.

Die Lösungswörter: Hafer, Brot, Gerste, Mais, Kuchen, Weizen, Mehl, Mähdrescher, Mühle, Ofen,
Popcorn, Roggen, Waage, Hamster, Hirse